DES

CONFLITS

PAR

M. REVERCHON,

Avocat au Conseil d'État et à la Cour de cassation.

(Extrait de la Revue critique de Législation, t. VI, p. 530 et suiv.)

PARIS.

COTILLON, ÉDITEUR, LIBRAIRE DU CONSEIL D'ÉTAT,
Au coin de la rue Soufflot, 23.

1855

Extrait de la REVUE CRITIQUE DE LÉGISLATION ET DE JURISPRUDENCE

Tome VI, livraison de juin 1855.

DES CONFLITS.

PAR M. REVERCHON,
AVOCAT AU CONSEIL D'ÉTAT ET A LA COUR DE CASSATION.

Paris.—Imprimé par E. Thunot et Cᵉ, rue Racine, 26.

DES CONFLITS [1].

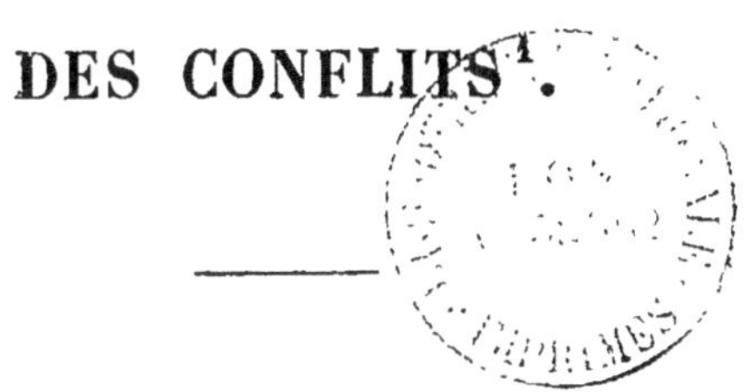

« Dans la langue du droit administratif, le mot *conflit* désigne
» la difficulté qui résulte de ce que l'autorité judiciaire et l'au-
» torité administrative déclarent respectivement, soit leur com-
» pétence, soit leur incompétence, pour connaître d'une même
» affaire. Dans le premier cas, le conflit prend le titre de *conflit*
» *positif d'attributions ;* dans le second cas, celui de *conflit né-*
» *gatif d'attributions* [2]. »

Il ne faut pas, du reste, confondre le conflit *d'attributions* et
le conflit *de juridiction.* Il y a conflit de juridiction lors-
que deux autorités du même ordre, c'est-à-dire appartenant
l'une et l'autre au pouvoir administratif ou au pouvoir judiciaire,
prétendent également connaître ou refusent également de connaître d'une affaire donnée : ce conflit est alors vidé par l'autorité hiérarchique supérieure dans la sphère administrative ou
judiciaire, selon les règles établies par les lois, et que nous
n'avons point à exposer ici. Le conflit d'attributions, positif ou
négatif, n'existe, ne se produit qu'entre l'autorité administrative
et l'autorité judiciaire : il suppose d'ailleurs et exige, indépen-
damment de cette première circonstance, certaines conditions
générales, que nous aurons à indiquer.

[1] Cet article, quoiqu'il soit extrait du *Dictionnaire de l'administration
française*, publié par M. Maurice Block, est un peu plus complet que le texte
du Dictionnaire, dont l'éditeur a cru devoir faire subir à mon travail certaines mutilations. Je rétablis ici ce travail tel que je l'avais conçu et com-
posé.   E. R.

[2] Nous empruntons cette définition à M. Boulatignier, auteur de l'article
consacré aux *Conflits* dans le *Dictionnaire général d'administration.* Nous
aurons plus d'une fois l'occasion de nous servir, de nous appuyer de cet
article, qui date de 1847; il est si exact et déjà si riche, qu'il semble rendre
inutile, autant qu'elle est périlleuse, la tentative de traiter la même matière
après un travail dans lequel se retrouvent au plus haut degré la sagacité et
la science approfondie qui caractérisent son auteur, et il ne peut que faire
désirer vivement la prochaine publication de l'ouvrage complet dont il contient la substance.

1.

SECTION I.

Notions historiques et préliminaires.

1. Lorsqu'elle eut à s'occuper de l'organisation judiciaire, l'Assemblée constituante fut surtout dominée, en présence des faits contemporains, par la crainte de donner à la magistrature nouvelle une autorité et des attributions qui permissent à celle-ci de reconstituer ou de ressusciter tôt ou tard les grands corps judiciaires de l'ancienne monarchie. Aussi la loi des 16-24 août 1790, en posant, dans son titre II, les bases fondamentales de cette organisation, eut-elle soin de décréter que les tribunaux ne pourraient prendre directement ou indirectement aucune part à l'exercice du pouvoir législatif, ni empêcher ou suspendre l'exécution des lois (art. 10); qu'ils seraient tenus de faire transcrire purement et simplement dans un registre particulier, et de publier dans la huitaine, les lois qui leur seraient envoyées (art. 11); qu'ils ne pourraient point faire de règlements (art. 12); qu'enfin les fonctions judiciaires seraient distinctes et demeureraient toujours séparées des fonctions administratives, et que les juges ne pourraient, à peine de forfaiture, troubler, de quelque manière que ce fût, les opérations des corps administratifs, ni citer devant eux les administrateurs pour raison de leurs fonctions (art. 13).

On le voit, il n'est pas un de ces principes qui ne réponde à un abus de ce passé que l'Assemblée constituante venait modifier ou détruire; il n'en est pas un qui n'ait avant tout, un sens et une explication historique. Ce fait considérable a été quelquefois perdu de vue : la jurisprudence a quelquefois donné une interprétation trop extensive à des règles qui n'avaient peut-être pas, aux yeux de l'Assemblée constituante, toute la portée pratique que cette jurisprudence en a fait sortir. Cependant, en elles-mêmes, ces règles échappent à toute critique sérieuse : elles ont traversé toutes nos révolutions sans en être ébranlées; elles ont même été plus d'une fois rajeunies et consolidées par les constitutions diverses qui se sont si souvent succédé dans notre pays. La loi du 16 fructidor an III (2 septembre 1795) par exemple, postérieure de quelques jours à la constitution du 5 du même mois, a fait *itératives défenses aux tribunaux de connaître des actes d'administration de quelque es-*

pèce qu'ils fussent, et, bien que cette loi ait eu surtout pour objet de contenir la réaction à laquelle les actes et arrêtés émanés des représentants du peuple en mission donnaient lieu de toutes parts, dans les derniers temps de l'existence de la Convention, bien qu'elle s'appliquât principalement, d'après son texte même, *aux procédures et jugements intervenus sur les plaintes relatives à ces actes ou arrêtés*, elle n'en est pas moins regardée comme ayant, en tant que de besoin, imprimé une sanction nouvelle au principe de l'article 13 du titre II de la loi de 1790. De même, la constitution de 1848, dans son article 19, rappelait que *la séparation des pouvoirs est la première condition d'un gouvernement libre :* sans doute la pensée de ses auteurs se portait, avant tout, sur le côté purement politique de cette séparation ; mais il n'est pas permis de douter que, même à ce point de vue, ils ne considérassent l'indépendance de l'administration vis-à-vis du pouvoir judiciaire comme devant continuer, dans de justes limites, à former l'une des bases essentielles du droit public qu'ils proclamaient. La même maxime ne se retrouve pas, il est vrai, dans la constitution de 1852, qui ne s'est pas préoccupée au même degré des conditions d'un gouvernement libre : mais, par là même, le principe subsiste, fortifié et étendu au profit de l'autorité administrative.

2. Toutefois, il faut bien reconnaître que, si nettement qu'elle soit tracée en théorie, la ligne de démarcation peut souvent, en fait, n'être pas aperçue ou n'être pas suffisamment respectée. Peu de questions sont plus délicates, on le sait, que les questions de compétence ; de plus, c'est une tendance naturelle à tous les corps de travailler, même instinctivement, à élargir le cercle de leurs attributions. Des empiétements sont donc possibles ; le pouvoir judiciaire peut s'arroger quelquefois la connaissance de questions administratives ; telle peut être, du moins, la crainte ou la prétention du pouvoir administratif. A qui dans ce cas appartient-il et d'après quelles règles convient-il de trancher la difficulté, de rétablir l'équilibre troublé et de faire à chacun sa part ?

Aux yeux de l'Assemblée constituante elle-même, ce pouvoir rentrait dans les attributions de l'autorité royale ; elle eut l'occasion d'exprimer sa pensée à cet égard par une loi des 7-14 octobre 1790, dans laquelle on lit ce qui suit :

« Sur les contestations survenues en plusieurs lieux, et no-

» tamment entre le directoire du département de la Haute-Saône
» et la municipalité de Gray, l'Assemblée nationale, après
» avoir entendu le rapport de son comité de constitution, dé-
» crète :

» 1° . . . . . . 3° Les réclamations d'incompétence à l'é-
» gard des corps administratifs ne sont, en aucun cas, du res-
» sort des tribunaux ; elles seront portées au roi, chef de l'ad-
» ministration générale ; et, dans le cas où l'on prétendrait que
» les ministres de Sa Majesté auraient fait rendre une décision
» contraire aux lois, les plaintes seront adressées au Corps lé-
» gislatif. »

3. Mais il ne suffisait pas de poser le principe, il fallait l'or-
ganiser. Or, soit que le temps ait manqué pour se livrer à ce
travail au milieu de toutes les vicissitudes par lesquelles ont
passé nos institutions, soit que le défaut de règles précises ait
paru plus commode, de longues années se sont écoulées sans que
rien ait été tenté dans cette voie. Du reste, sur ce point à la fois
historique et législatif, nous ne saurions mieux faire que de
reproduire quelques passages de l'intéressant rapport que M. de
Cormenin a fait à la commission qui fut chargée de préparer
l'ordonnance réglementaire du 1er juin 1828 [1].

Après avoir sommairement retracé les règles de l'ancien droit
et celles qui furent posées par l'Assemblée constituante, M. de
Cormenin continue ainsi :

« Mais l'Assemblée constituante n'eut pas le temps de régler
le mode, les cas et les limites du conflit, et elle fut entraînée
elle-même avec la monarchie dans le gouffre de la révolution.—
La Convention en sortit : elle regarda autour de soi, et, se trou-
vant seule, elle réunit dans son faisceau de dictateur tous les
pouvoirs du législateur, de l'administrateur et du juge. Elle
annulait des jugements, soit par voie de référé, soit sur les pro-
positions de ses comités, soit par l'organe de ses représentants. C'est ce qui résulte des décrets législatifs des 21 prairial
an II, 15 pluviôse et 1er fructidor an III, et d'une foule d'autres.
Alors le pouvoir administratif changea d'objet, et, devenu un
instrument politique, il força l'asile des tribunaux, et s'étendit,

---

[1] Ce rapport a été publié en 1828 par M. Taillandier, secrétaire de la commission, dans son Commentaire sur l'ordonnance de 1828. Il a été, depuis
lors, inséré dans la nouvelle édition du *Répertoire* de M. Dalloz, v° *Conflit*,
p. 105.

sans terme comme sans mesure , sur les choses et sur les per-
sonnes.— Alors parut la fameuse loi du 16 fructidor an III, qui
porte : « La Convention décrète qu'elle annule toutes procédures
» et jugements intervenus dans les tribunaux judiciaires contre les
» membres des corps administratifs et comités de surveillance ,
» sur réclamations d'objets saisis , de taxes révolutionnaires et
» d'autres actes d'administration émanés desdites autorités pour
» l'exécution des lois et arrêtés des représentants du peuple en
» mission, ou sur répétition des sommes et effets versés au trésor
» public. Défenses itératives sont faites aux tribunaux de con-
» naître des actes d'administration , de quelque espèce qu'ils
» soient, aux peines de droit, etc. » — Bientôt la Constitution de
l'an III (fructidor, art. 21) [1] mit le règlement des conflits dans
les mains du Directoire, qui devait en référer, s'il en était besoin, au Corps législatif. Mais ce référé n'étant que de pure
faculté, le Directoire , comme on se l'imagine bien, en usait
sobrement. — Sous le règne agité de cette oligarchie, les conflits furent un moyen de gouvernement aussi bien qu'un règlement de compétence..... »

Ici l'auteur présente le tableau de la jurisprudence résultant
des arrêtés du Directoire en matière de conflits; mais nous ne
pouvons le suivre dans cet exposé historique, dont l'intérêt
pratique est désormais presque effacé. Reprenant ensuite le
cours de ses développements, il ajoute :

« La Constitution de l'an VIII ne mit pas fin à ce désordre des
compétences. L'article 52 chargea bien le conseil d'État de ré-
soudre les difficultés qui s'élevaient en matière administrative ;
mais on n'indiqua pas nettement le pouvoir qui devait régler
les conflits entre les autorités administrative et judiciaire.....
C'est ce qu'un simple règlement d'organisation intérieure dé-
cida. L'article 11 de ce règlement, en date du 5 nivôse an VIII,
établit que le conseil d'État prononcerait sur les conflits qui

---

[1] Ce n'est pas la Constitution de l'an III (5 fructidor), c'est une loi du
21 fructidor an III, relative *aux fonctions des corps administratifs et muni-
cipaux*, qui contient la disposition à laquelle M. de Cormenin fait allusion.
L'article 27 de cette loi portait : « En cas de conflit d'attributions entre les
» autorités judiciaires et administratives, il sera sursis jusqu'à décision du
» ministre, confirmée par le Directoire exécutif, qui en référera, s'il est be-
» soin, au Corps législatif. Le Directoire exécutif est tenu , en ce cas, de pro-
» noncer dans le mois. »

ourraient s'élever entre l'administration et les tribunaux. — Il
paraît assez étrange qu'on crût pouvoir faire alors par un simple
règlement ce que, peu d'années auparavant, on avait cru ne
pouvoir faire que par la constitution même de l'État [1]. — Quoi
qu'il en soit, le mode des conflits resta incertain, même après
ce règlement. Il s'établissait alors, soit par le conseil d'État lui-
même, sur le refus d'obtempérer à la réquisition du ministère
public, soit par la seule contrariété de décision entre un arrêté
et un jugement. Les conseils de préfecture déclaraient aussi le
conflit, par imitation des anciennes administrations centrales
auxquelles ils avaient succédé [2]. Enfin le conseil d'État annulait,
sans conflit, des jugements sur le rapport du Domaine ou des
Ministres. — L'arrêté des consuls, du 13 brumaire an X, vint
régulariser le mode de procéder dans cette matière. Les conflits
élevés par les préfets, soit sur l'invitation des ministres, soit à
la réquisition des parties, soit sur l'information des commis-
saires du gouvernement, soit d'office, étaient transmis par eux
au grand juge et au ministre de l'intérieur. Ils arrivaient ensuite
à l'assemblée générale du conseil d'État par des voies diffé-
rentes. En effet, ils étaient instruits, ou par la section de législation, ou par la section de l'intérieur, ou par la commission
du contentieux. Tantôt, considérés comme des affaires contentieuses, on admettait l'intervention des parties et leur opposi-
tion aux décrets par défaut ; tantôt, considérés comme des actes
de haute administration, on excluait les parties de leur instruction. — Voilà pour l'instruction et la forme des conflits. —
Quant aux délais de leur élévation, de leur transmission et de
leur règlement, ils étaient tracés, mais vaguement, par l'art. 27
de la loi du 21 fructidor an III et par l'arrêté du 13 brumaire
an X. On flottait sur ce point, alors comme encore aujourd'hui,
sans règle bien précise. — Quant aux limites du conflit, nous
avons vu avec quelle rapidité leur cercle se développa. Le con-

[1] Ainsi qu'on vient de le voir par la note précédente, cette observation
critique manque d'exactitude. Cependant il est certain que la matière des
conflits aurait réclamé au plus haut degré, sinon l'intervention du pouvoir
constituant, du moins celle du pouvoir législatif. Mais, même aux époques
où les attributions de ce dernier pouvoir étaient mieux respectées qu'elles ne
l'ont été sous l'empire de la Constitution de l'an VIII, par exemple au temps
du régime constitutionnel, on a suivi l'exemple donné en l'an VIII ; on a
procédé habituellement par voie de simple ordonnance.

[2] Pour partie seulement.

flit, sous le Directoire, faisait main basse sur tous les jugements, quels que fussent leur caractère et leur autorité. Sous l'Empire même, il réduisit au néant les arrêts de la Cour de cassation. La commission du contentieux, qui vint à luire dans ces temps-là comme un rayon de liberté, et qui mérite notre reconnaissance moins pour le bien qu'elle ne pouvait pas faire que pour le mal qu'elle a empêché, opposa une digue à ce torrent d'empiétement sur l'autorité judiciaire A mesure que cette précieuse institution s'affermit dans sa marche, elle restitua aux tribunaux toutes les questions de propriété, de titres et d'état; elle resserra de toutes parts les usurpations des corps administratifs; elle les renferma dans les bornes légales de leur compétence, et, après avoir défini et classé les différents pouvoirs, elle les ramena peu à peu au véritable esprit de leur institution[1]. Elle tenta aussi de restreindre l'exercice illimité du conflit. En effet, par décret du 15 janvier 1813, elle établit que le conflit ne pouvait pas être élevé après des contestations terminées par des jugements qui avaient acquis l'autorité de la chose jugée. Cependant, il faut le dire, un décret du 6 janvier 1814 expliqua bientôt ce que le Conseil d'État entendait par chose jugée : c'était la chose irrévocablement jugée par l'expiration du délai du pourvoi en cassation. Ce décret, qui fit un pas rétrograde, fut inséré au *Bulletin des lois* pour servir de règle aux préfets. — C'est dans cet état que la Restauration surprit les choses. Tout parut un instant supprimé : conflits, juridictions, matières. . . . . Quoi qu'il en soit, les ordonnances réglementaires qui, depuis la Restauration, modifièrent tant de fois le Conseil d'État sans l'améliorer, mirent les conflits dans les attributions exclusives du comité du contentieux. C'est sur le rapport de ce comité, et par arrêt du 6 février 1815, inséré au *Bulletin des lois*, qu'il fut établi que le conflit ne pourrait être élevé après des jugements pris en dernier ressort et des arrêts de Cours royales rendus contradictoirement. Cette doctrine, que je vous proposerai de consacrer, fut renversée par la jurisprudence en 1819, et l'on revint aux principes qui avaient

---

[1] L'étude détaillée de la jurisprudence administrative, sous l'Empire, ne justifierait peut-être pas complétement tous les traits de ce tableau, qui n'est vrai que par comparaison avec l'état de choses antérieur; mais, entendu et restreint dans ces termes, l'éloge est mérité, et il faut ajouter que l'esprit du temps ne comportait assurément rien de plus.

dicté le décret du 6 janvier 1814. — Cependant l'assimilation
des conflits aux autres matières contentieuses entraînait l'intervention des parties, intervention dispendieuse pour elles, lente
pour la distribution de la justice, et qui conduisit à examiner
si les conflits ne constituaient pas plutôt des actes de haute
administration que des arrêts, et s'il ne convenait pas d'accé-
lérer, dans l'intérêt public, leur transmission et leur règlement.
De cet examen sortit l'ordonnance royale du 12 décembre 1821,
qui couronne la législation de la matière, et dont voici les dispositions, etc. »

4. Mais, dans les années qui suivirent cette ordonnance, l'administration fit de l'arme du conflit un tel usage ou plutôt un tel
abus, particulièrement en matière électorale, que, pressé par
des réclamations nombreuses, le ministère qui fut appelé aux
affaires en 1828 reconnut la nécessité de soumettre ces réclamations à un examen approfondi. A cette époque, l'étude des
questions d'organisation politique et administrative et des garanties que cette organisation devait offrir aux droits des citoyens
contre les erreurs ou les empiétements possibles du pouvoir,
n'était point frappée de ce discrédit temporaire que la mobilité
de l'esprit français fait peser aujourd'hui sur de tels sujets.
M. le garde des sceaux Portalis prit en conséquence, le 16 janvier 1828, un arrêté ainsi conçu :

« Nous, pair de France, etc.,

» Après avoir mûrement examiné les lois et les règlements
» actuellement en vigueur et relatifs aux conflits d'attribution,
» nous nous sommes convaincu que, si les juridictions sont
» d'ordre public, et s'il importe au bien de l'État que les limites
» qui séparent la compétence judiciaire de la compétence admi-
» nistrative soient exactement respectées, il n'est pas moins
» essentiel que les citoyens soient assurés de n'être jamais dis-
» traits de la juridiction des tribunaux ordinaires, hors les cas
» prévus par les lois générales qui déterminent les attributions
» du pouvoir administratif ou par des lois spéciales; qu'à cet
» effet, il serait utile de déterminer d'une manière précise sui-
» vant quelles règles, en quelles formes et dans quelles limites
» le droit de revendication accordé à l'administration peut être
» exercé,

» Avons arrêté, etc. :

» Art. 1er. Il sera formé une commission de neuf membres :

» 1° pour examiner suivant quelles règles, quelles formes et
» dans quelles limites le droit de revendiquer les affaires dont
» la connaissance appartient à l'administration, soit en vertu des
» lois qui ont réglé ses attributions, soit en vertu des lois spé-
» ciales, peut et doit être exercé, aux termes des lois existantes,
» par les agents du gouvernement; 2° pour proposer et ré-
» diger, s'il y a lieu, les dispositions réglementaires qui pour-
» raient paraître nécessaires ou utiles pour maintenir l'autorité
» de la chose jugée et la compétence des tribunaux, sans
» porter atteinte à l'indépendance de l'action de l'administra-
» tion.

» Art. 2. Sont nommés membres de cette commission : M. le
» baron Henrion de Pansey, conseiller d'État, président à la
» Cour de cassation ; M. le chevalier Allent, conseiller d'État,
» vice-président du comité du contentieux ; M. le baron Cuvier,
» conseiller d'État, vice-président du comité de l'intérieur ;
» M. Jacquinot de Pampelune, conseiller d'État, procureur gé-
» néral près la Cour royale de Paris ; M. le baron Zangiacomi,
» conseiller d'État en service extraordinaire, conseiller à la Cour
» de cassation ; M. le vicomte de Cormenin, maître des requêtes,
» rapporteur ; M. Agier, maître des requêtes, conseiller à la
» Cour royale de Paris ; M. Lepoitevin, doyen des conseillers à
» la Cour royale de Paris ; M. Delacroix-Frainville, ancien bâ-
» tonnier de l'ordre des avocats. »

5. Dès le début de ses séances, la commission eut à se de-
mander si elle devait préparer un projet de loi ou seulement un
projet d'ordonnance. M. de Cormenin, dans son rapport, s'ex-
prima ainsi sur ce point :

« Cette matière, qui touche à l'organisation de la société et
» à la division des pouvoirs, est essentiellement législative, et
» elle se rattache à l'ensemble de toutes les lois qui devront
» constituer le système de l'organisation administrative. Rien
» ne saurait suppléer la discussion publique dans les deux
» chambres, etc. »

La commission elle-même, sans être aussi absolue, mani-
festa sa préférence pour une loi. L'avis qu'elle rédigea en ter-
minant ses travaux contient à cet égard les explications suivantes :

« Les membres de la commission. . . . . sont d'avis que si,

» pour ne pas sortir des termes exprès de leur mandat, qui les
» invitait à se renfermer dans la législation existante, ils ont
» dû se borner à présenter, sous la forme d'une ordonnance,
» les mesures qui leur ont paru les plus propres à resserrer et
» à diriger l'action du conflit, ils ne peuvent néanmoins s'em-
» pêcher d'exprimer leur opinion sur l'insuffisance d'une ordon-
» nance et sur les avantages d'une loi dans une matière aussi
» importante ; que sans doute l'ordonnance proposée présente
» une utilité et des améliorations incontestables, puisque, etc. ;
» que, malgré ces avantages, il est vrai de dire qu'une ordon-
» nance peut être à chaque moment modifiée, dénaturée et
» même révoquée par une autre ordonnance, etc. »

6. La commission comptait, d'ailleurs, de trop éminents représentants de l'esprit judiciaire pour que la question capitale
de la matière, celle de savoir à quelle autorité appartiendrait le
règlement des conflits, ne fût pas discutée et approfondie dans
ses délibérations. La proposition formelle lui fut soumise de
déférer cette importante attribution à la Cour de cassation. A
en croire M. Taillandier, M. Cuvier contribua particulièrement
à faire rejeter cette proposition ; les considérations qu'il développa dans ce sens sont résumées de la manière suivante par
l'auteur que nous citons (*Commentaire*, p. 106) :

« Sur la question de savoir à quelle autorité doit appartenir la
décision des conflits, l'honorable membre fit remarquer qu'il
était nécessaire d'abord de remonter à la nature même du conflit. Le conflit est le *moyen* accordé au pouvoir amovible et responsable, pour se défendre contre les invasions du pouvoir
inamovible et irresponsable. Les affaires judiciaires en France,
seul pays connu où il en soit ainsi, étant entièrement confiées à
des corps collectifs et inamovibles ; la cassation qui, avant la
révolution, appartenait au conseil du roi, ayant été elle-même
attribuée à un corps de ce genre, il était rigoureusement nécessaire, si l'on voulait conserver un gouvernement responsable,
d'enlever soigneusement aux tribunaux toutes les matières administratives, c'est-à-dire tout ce qui a rapport au gouvernement général, à la police, à l'exercice des droits qui appartiennent à la communauté comme telle ; ces matières étant par
leur nature l'objet de l'ambition des individus et des corps,
parce qu'elles donnent plus d'autorité, plus de crédit et plus de
moyens de favoriser ses créatures, l'ordre judiciaire a une ten-

dance naturelle à s’en emparer, et chacun se souvient que, dans l’ancien régime, les parlements s’en étaient emparés en grande partie, et qu’ils étaient sans cesse en guerre à ce sujet avec le gouvernement. Le gouvernement avait cependant alors une défense qu’il n’a plus, l’arme de la cassation, dont il est dépouillé aujourd’hui.

» L’Assemblée constituante, composée d’hommes qui avaient été témoins de ces débats, s’aperçut promptement que, si elle n’y portait pas remède, le pouvoir législatif lui-même serait anéanti ; car il n’aurait aucun moyen d’arrêter les autorités judiciaires, ni de les faire répondre de leurs actes. Quelque impartiale que puisse être la Cour de cassation, elle appartient à l’ordre judiciaire, elle est composée des mêmes éléments, et, en matière d’attributions, elle a les mêmes intérêts ; enfin et surtout il n’y a aucun moyen de réformer ses arrêts. La disposition qui donnait au roi, sous la responsabilité de ses ministres, le droit de juger les conflits, était donc une conséquence mathématique de l’établissement du gouvernement représentatif. Admettons en effet une disposition contraire, insensiblement les tribunaux jugeront les questions administratives, ils s’empareront de la police, ils entraveront le gouvernement, ils finiront par faire des lois par leurs arrêts. Sans cesse les ministres auront à dire qu’ils ne peuvent répondre d’opérations dans lesquelles leur action n’est pas libre ; et que pourra faire le Corps législatif ? Il sera toujours muet devant des arrêts. Au contraire, que le gouvernement abuse des conflits, qu’il enlève les citoyens à leurs juges naturels, qu’il intervertisse les juridictions ; ses ministres peuvent, à chaque instant, être appelés à répondre devant les Chambres. Il y a à l’abus de ce remède un autre remède toujours prêt.

» Ce n’est donc pas seulement la loi positive, c’est la raison, c’est la nature des choses qui veut que le jugement des conflits appartienne au gouvernement. Qu’on le règle de manière à ne point choquer sans nécessité les tribunaux, à ne point traîner mal à propos les citoyens devant l’autorité administrative dans les matières judiciaires, rien de plus juste, rien même de plus utile à la conservation d’une prérogative nécessaire ; mais transférer cette prérogative à un membre quelconque de l’ordre judiciaire, c’est renverser la Constitution. »

Quelle que soit la force de ces considérations, nous ne

saurions nous empêcher de penser que le souvenir des anciens parlements a peut-être trop influé sur l'esprit éminent qui les a produites, et sur d'autres qui, sans être aussi éminents, les ont accueillies ou paraphrasées après lui. Assurément la puissance de ces grands corps faisait de leurs empiétements administratifs un danger grave, permanent, et qui aurait exigé un énergique contre-poids : la même situation appellerait encore aujourd'hui un remède analogue, si la même organisation ou une organisation également forte pouvait ramener, avec la même intensité, les mêmes entreprises. Mais telle n'est pas, de nos jours, la constitution de la magistrature. Sous la monarchie constitutionnelle, le pouvoir parlementaire, plus jaloux des empiétements judiciaires que des empiétements administratifs, contre lesquels il se sentait plus fort, contenait par sa seule présence et aurait, au besoin, réprimé par son intervention ces velléités ou ces tentatives d'usurpation, auxquelles l'ancien régime ne pouvait guère opposer que le frein, tantôt excessif, tantôt impuissant, du pouvoir absolu. Sous le régime actuel, la suppression de cette garantie n'a pas ramené le danger. Trop de liens rattachent la magistrature au Gouvernement pour que celui-ci ait à redouter son indépendance ; trop d'éléments nouveaux, puisés dans une société dépourvue de cohésion et de centres de résistance, s'introduisent à chaque instant dans le sein de cette magistrature, pour que l'esprit de corps puisse s'y former avec le caractère exclusif et persévérant qui en ferait la force et le péril ; enfin l'inamovibilité qui couvre ses membres n'équivaut pas assez à la stabilité pour lui créer cette grande existence dont le pouvoir aurait à contenir les tentations et à surveiller les écarts. Nous ne concluons pas de là que le principe de la séparation des pouvoirs administratif et judiciaire ne doive pas être maintenu ; nous n'en concluons même pas que l'arme du conflit ne doive pas être laissée au pouvoir administratif ; nous croyons seulement que les raisons sur lesquelles M. Cuvier fondait cette opinion n'ont pas, aujourd'hui, toute la force qu'elles auraient pu avoir avant 1789, et qu'elles auraient encore en présence d'un pouvoir judiciaire autrement constitué ; nous croyons que ces raisons se réduisent (et c'est bien assez) à celles que fournit la nécessité de protéger l'indépendance légale du pouvoir administratif contre l'antagonisme de l'esprit judiciaire, contre la tendance inévitable qui porterait ce dernier à agrandir insensiblement son domaine, et contre les inconvénients que pourrait parfois entraîner une intelligence insuffisante de besoins administratifs, qui trop souvent ne sont bien appréciés et compris par la magistrature que dans la haute sphère à laquelle appartient la Cour de cassation.

7. Quoi qu'il en soit, c'est des travaux de cette commission qu'est sortie l'ordonnance du 1er juin 1828. Destinée à satisfaire aux réclamations qu'avait fait naître l'usage excessif du conflit, rédigée en présence et sous l'empire d'une réaction quelque peu exagérée contre les abus d'un droit qu'il fallait pourtant conserver, cette ordonnance a dû, par une loi naturelle de l'esprit humain et aussi par un sage et habile calcul, subordonner l'exercice de ce droit à des formes et à des garanties restrictives, le renfermer dans d'étroites limites, le sacrifier même dans quelques-unes de ses applications pour le sauver dans son principe. Ce caractère manifeste de l'ordonnance de 1828 ne doit jamais être perdu de vue dans l'appréciation de ses dispositions.

8. En 1835, le Gouvernement, s'inspirant de la pensée qu'avait exprimée la commission de 1828, soumit au conseil d'État un projet de loi sur les conflits; mais ce projet ne fut point présenté aux Chambres[1].

9. La révolution de 1848 devait nécessairement amener un assez grave changement dans cette partie de la législation : le régime qu'elle inaugurait ne pouvait guère s'accommoder du système qui, jusque-là, laissait au chef du Gouvernement le pouvoir de statuer sur les conflits[2]. Aussi l'article 89 de la Constitution décida-t-il que *les conflits d'attribution entre l'autorité administrative et l'autorité judiciaire seraient réglés par un tri-*

---

[1] Ce projet, préparé par une commission choisie dans le sein du Conseil, et composée de MM. Girod de l'Ain, Allent, Bérenger, de Gérando, de Fréville, Maillard, Vivien et de Chasseloup-Laubat, rapporteur, fut présenté à l'assemblée générale du conseil d'État, et adopté par elle le 28 janvier 1836. Mais soit à cause du changement qui survint alors dans le ministère (22 février 1836), soit par tout autre motif, il n'a reçu aucune suite. Le texte en a été publié par M. de Cormenin dans sa cinquième édition (Appendice, t. II, p. 54).

[2] M. de Cormenin écrivait pourtant, en 1840 (*Droit administratif*, 5ᵉ édition, t. I, p. 440, note 1), que *la décision des conflits doit appartenir au Gouvernement, quel qu'il soit, monarchique ou républicain.*

*bunal spécial de membres de la Cour de cassation et du Conseil
d'État, désignés tous les trois ans en nombre égal par leur corps
respectif, et qui serait présidé par le ministre de la justice.*

Un règlement d'administration publique, du 26 octobre 1849,
et une loi du 4 février 1850, réglèrent les détails de l'organisation de ce tribunal et les formes de sa procédure. C'est au mois
de mars 1850 qu'il a commencé à siéger; pendant cette année
et pendant l'année 1851, il a eu à statuer sur cent dix-huit conflits, soit positifs, soit négatifs; il a eu à trancher de nouveau
la plupart des questions de compétence sur lesquelles la jurisprudence du conseil d'État s'était plus ou moins fixée; et, à
très-peu d'exceptions près, il s'est associé à cette jurisprudence,
même sur les points qui avaient donné lieu à dissidence entre
le Conseil d'État et la Cour de cassation. Sous ce rapport, sous
d'autres encore, que nous n'avons pas à signaler ici, l'existence
du tribunal des conflits a produit de bons et utiles résultats, ne
fût-ce qu'en mettant définitivement hors de toute controverse
certaines solutions qui sont désormais acquises à la doctrine
comme à la pratique [1].

10. Ce tribunal ne pouvait, du reste, survivre à la Constitu-
tion de 1848; il ne pouvait, du moins, prendre place dans la
Constitution de 1852. L'article 17 du décret organique du
Conseil d'État, en date du 25 janvier 1852, a en effet rendu à

---

[1] Le 8 avril 1853, en défendant devant le conseil d'État un conflit qui a
été confirmé par un decret du 21 du même mois (*Dupont et consorts*),
nous avons eu l'occasion de présenter à ce sujet les réflexions suivantes,
que nous reproduisons parce qu'elles ont paru obtenir l'assentiment du
Conseil :

« Quelque opinion que l'on pût avoir théoriqnement et *à priori* sur le
» mérite de l'institution du tribunal des conflits, il faut reconnaître qu'elle a
» eu, notamment, deux avantages qui ne sauraient être contestés. D'une
» part, elle a donné à.la jurisprudence administrative, sur la plupart des
» questions de compétence controversées entre le Conseil d'État et la Cour
» de cassation, une sanction d'autant plus considérable qu'elle émanait d'un
» corps dans lequel l'esprit judiciaire exerçait, par l'autorité de ses repré-
» sentants, une influence égale à celle de l'esprit administratif, qui n'y était
» pas moins heureusement représenté. D'autre part, et par l'effet de cette
» collaboration et de cette délibération communes, elle a tempéré les incon-
» vénients de l'isolement antérieur des deux éléments, et, sans parler ici de
» ce que l'élément administratif y a recueilli, elle a ouvert plus largement à
» l'autre élément cet horizon administratif, trop voilé quelquefois par la
» concision excessive de décisions dont la sagesse habituelle ne pourrait
» que gagner à se rendre plus accessible. »

ce conseil la connaissance des conflits : aujourd'hui, comme avant 1849, il y est statué par le chef de l'État, sur l'avis du Conseil d'État.

Il faut bien reconnaître pourtant que les motifs sur lesquels s'appuyait M. Cuvier en 1828 pour défendre cet état de choses ont perdu, depuis 1852, une partie de leur autorité. C'était au nom de la responsabilité des ministres et de la pondération des pouvoirs que l'illustre conseiller d'État revendiquait cette prérogative de l'administration ; c'était dans cette même responsabilité et dans le régime constitutionnel dont elle était l'un des principaux éléments, qu'il montrait la garantie et le remède contre les abus et les périls possibles de ce système[1], de même que ces arguments servaient à justifier la doctrine de la juridiction réservée au roi en matière contentieuse, c'est-à-dire exercée par le roi en Conseil d'État. Où sont aujourd'hui tous ces principes? Ils sont passés, quant à présent, à l'état historique, et, pour la masse des esprits, à l'état de préjugés. Supposons que sous le régime constitutionnel, il fût arrivé au roi, sur la proposition de ses ministres, de ne pas approuver une décision préparée par le Conseil d'État sur un conflit, et d'attirer à l'autorité administrative la connaissance d'une question que le Conseil d'État aurait considérée comme judiciaire : qui ne voit les discussions, les débats qu'un fait si anormal aurait soulevés? Qui ne sent que le seul pressentiment de ces difficultés était, à lui seul, un immense et salutaire obstacle? Aujourd'hui où serait le contre-poids? où serait l'avertissement? où serait, au besoin, la résistance?

11. Nous n'avons jusqu'ici envisagé qu'une seule des faces de la question ; nous n'avons jusqu'ici supposé que l'empiétement de l'autorité judiciaire sur l'autorité administrative, et nous n'avons recherché et constaté que les règles établies pour réprimer cet empiétement. Mais l'hypothèse inverse peut assurément se présenter : l'autorité administrative peut, à son tour, envahir le domaine de l'autorité judiciaire ; celle-ci aura-t-elle le droit d'élever le conflit pour faire régler, par le chef de l'État, les attributions respectives des deux autorités?

Un décret rendu en Conseil d'État, le 29 juin 1811 (*Gillet*), avait admis l'affirmative. Mais cette doctrine, implicitement

[1] M. Serrigny, tome I, n° 157, disait aussi : « Les remèdes contre les abus » possibles de ce droit confié à la puissance exécutive, sont dans la respon- » sabilité ministérielle, dans les chambres, dans la presse. »

abandonnée par un autre décret, du 22 décembre 1811 (*Cuisi-nier*), fut explicitement condamnée par une ordonnance du 3 juillet 1822 (*Chalette*), et la doctrine contraire a depuis long-temps cessé de faire question. « Le Conseil d'État, dit M. Bou-
» latignier (p. 461), n'admet pas que les tribunaux puissent
» élever le conflit contre l'administration, et il est naturel de
» penser que, si le législateur avait voulu leur conférer ce droit,
» il aurait pris soin d'en régler l'exercice. La vérité est qu'en
» instituant le conflit, on a eu surtout en vue de protéger l'au-
» torité administrative contre les empiétements de l'autorité ju-
» diciaire. Et lorsqu'on y réfléchit, cette partialité du législa-
» teur est plus apparente que réelle : en effet, si les tribunaux
» ne peuvent eux-mêmes, dans l'intérêt de leurs attributions,
» déférer au roi en Conseil d'État les actes de l'administration
» qui empiétent sur le domaine de l'autorité judiciaire, ce droit
» appartient, d'après la loi des 7-14 octobre 1790, à toute par-
» tie intéressée ; il s'applique aux actes de toute autorité admi-
» nistrative quelconque, et il peut s'exercer dans les formes et
» avec les garanties établies pour les affaires contentieuses. »

On peut ajouter avec M. Serrigny (t. I, n° 166), que le droit d'élever le conflit répugnerait à la nature du pouvoir judiciaire, soit parce que ce pouvoir est irresponsable, soit surtout parce qu'il n'a pas l'action et l'initiative qui appartiennent au pouvoir administratif. Toutefois, aucune de ces raisons n'est en elle-même absolument décisive : il n'eût pas été impossible de concevoir avant 1852, il ne serait pas impossible de concevoir aujourd'hui un système qui, tenant la balance égale entre les deux autori-tés, organiserait les moyens de veiller à tous les empiétements et de les déférer, dans l'un et l'autre cas, au juge suprême des compétences. Ce qui demeure vrai, c'est que l'arme du conflit, dans l'état actuel de la législation, est exclusivement remise à l'administration pour la défense de ses propres prérogatives ; ce qui demeure vrai, c'est que les prérogatives de l'autorité judi-ciaire n'ont pas, au même degré, besoin d'un tel secours.

12. Aujourd'hui encore, la législation de la matière est pres-que tout entière dans l'ordonnance du 1er février 1828. Il faut y ajouter les dispositions des articles 6 et 7 de l'ordonnance du 12 mars 1831, qui ont remplacé ou modifié celles des articles 15 et 16 de l'ordonnance de 1828. Il faudrait également y ajouter l'article 35 de l'ordonnance du 19 juin 1840, portant règlement

intérieur pour le Conseil d'État, aux termes duquel *les délais fixés par l'ordonnance du 12 mars 1831 pour le jugement des conflits devaient être suspendus pendant les mois de septembre et d'octobre*, qui étaient les mois de vacances du Conseil d'État. Cette ordonnance a, il est vrai, cessé d'être en vigueur par l'effet des nouvelles organisations que le Conseil d'État a successivement reçues en 1849 et 1852, et des nouveaux règlements qui ont été la conséquence de ces organisations ; mais la règle établie par l'article qui vient d'être cité continue à recevoir son application, et c'est ainsi, par exemple, que le décret du 22 juin 1854, qui a fixé les vacances du Conseil d'État pour 1854, a décidé (art. 4) que les délais fixés par l'ordonnance du 12 mars 1831, pour le jugement des conflits, seraient suspendus du 15 août au 15 octobre.

13. Abordant maintenant le commentaire de l'ordonnance du 1er juin 1828, nous aurons à rechercher, en suivant l'ordre tracé par cette ordonnance : 1° quelles sont les conditions générales et essentielles de l'existence même du conflit positif ; 2° en quelles matières et devant quelles juridictions ce conflit peut ou ne peut pas être élevé ; 3° à quelle phase de l'instance le conflit peut être élevé ; 4° par qui il peut être élevé ; 5° quelles sont les formes essentielles du déclinatoire et les obligations que la présentation de ce déclinatoire impose à l'autorité judiciaire ; 6° quels sont les délais et les formes du conflit ; 7° par quelle autorité et comment il est statué sur le conflit ; 8° enfin quelle est la nature et quels sont les effets généraux des décrets rendus sur conflit.

Paris. — Imprimé par E. Thunot et Cᵉ, rue Racine, 26

Paris. — Imprimé par E. Thunot et Ce, rue Racine, 26.